Polen und Deutsche gegen Rußland

von

Franz Graf Kwilecki

auf Schloß Dobrjewo bei Scharfenort
Provinz Posen

überarbeitete Neuauflage der zweiten Auflage
von 1915
nach einem Exemplar im Privatbesitz

Bibliografische Information der Deutschen Nationalbibliothek:
Die Deutsche Nationalbibliothek verzeichnet diese Publikation in
der Deutschen Nationalbibliografie; detaillierte bibliografische
Daten sind im Internet über dnb.dnb.de abrufbar.

Herstellung und Verlag: BoD – Books on Demand, Norderstedt
ISBN 9783755714019

Wenn man davon sprechen will, was die Polen jetzt denken und wünschen, dann muß man zunächst etwas vorgreifen und feststellen, wie es vor dem Kriege war. Da sind nun leicht irrtümliche Ansichten möglich, ganz ebenso wie im deutschen Volke vor dem Kriege manches einen anderen Anschein hatte, als es in der Tat beschaffen war. Zum Beispiel der deutsche Antimilitarismus, wie ihn manche sozialdemokratische Redner vor dem Kriege bekundeten. Wo ist er, dieser Antimilitarismus? Dort, wo er immer war, da her nirgends. Der König rief, das Volk stand auf und liegt jetzt in den Schützengräben.

Man beliebte auch manchmal, von der Unzuverlässigkeit der Polen für den Kriegsfall zu sprechen. Der glänzende Verlauf der Mobilisation in den Ostprovinzen, die Hunderttausende von Polen, die im deutschen Heere tapfer kämpfen, geben die Antwort darauf. Diese Antwort ist laut und deutlich. Sie soll nicht nur im Inlande, sondern auch im Auslande weit und breit gehört werden, von denen, die etwa in ihrem fremden, egoistischen Interesse darauf spekulierten, daß die Polen in Preußen ihre Pflicht nicht entsprechend erfüllen würden.

Polen ist ein Kind der abendländischen Kultur. Es hält von Natur aus zum Abendlande, gegen Byzanz, gegen die östliche Unkultur. Aber Polen ist keine Ausnahme an sich, unter den geographischen und völkischen Begriffen. Es ist ein Körper, der nicht nur einen natürlichen Grundton und einen Verstand hat, sondern auch Nerven. Diese letzteren sahen die Deutschen am öftesten in der Betätigung politischen Lebens seitens der Polen. Und sie urteilten danach über die Gesamtheit der Polen.

Man warf den Polen Radikalismus vor. Ich bin der größte Feind des Radikalismus und halte ihn für ein nationales Unglück überall da, wo er sich einstellt. Aber ich bitte nur gefälligst zu bedenken: Gingen auch unter den Deutschen die Wogen des Radikalismus nicht hoch her? Ich erinnere nur an 1908, wo gegen Deutschlands erhabenen Herrscher und die ganze monarchische

Idee so sehr Sturm gerannt wurde. Und doch fand sich das ganze deutsche Volk, einschließlich der Kritiker zusammen, als es galt, für König und Vaterland, im Augenblicke der Gefahr einzutreten.

In der polnischen Politik, vor dem Kriege, gab es ja vielleicht Entgleisungen. Das ist wahr und gerade vom polnischen Standpunkt aus, aufs Schärfste zu kritisieren und zu bedauern. Aber vom deutschen Standpunkte aus, sollte man diese Erscheinung recht milde beurteilen. Was besagen all die törichten Zeitungsartikel, welche so oft von den Ministern in den gesetzgebenden Körperschaften als Beweis für den Radikalismus der Polen angeführt wurden?

Die wahre Stimmung des Volkes ist und war anders. Jeder Pole in Preußen sehnt sich danach, in der Gesetzgebung und überhaupt im Staatsleben, als vollwertiger und gleichberechtigter Staatsbürger angesehen und behandelt zu werden, aber er ist sich bewußt, daß auch er Pflichten gegenüber König und Staat hat.

Wenn irgend ein radikales Schlagwort bei uns ertönte, dann wurde dies leider stets von deutscher Seite unterstrichen. Wenn irgend ein radikaler Faktor erklärte, daß er die Mehrheit der Polen vertrete, dann glaubte man ihm wohl im deutschen Volke. Und doch, wie falsch war diese Meinung. Bei etwas besserer Kenntnis der innerpolitischen Verhältnisse hätte man sich mit Leichtigkeit vom Gegenteil überzeugen können.

Der Krieg hat nun manches bei den Polen geändert. Es scheint nunmehr ein Ding der Unmöglichkeit, daß überhaupt noch der Radikalismus zu hoher Blüte gelangt. Rußland steht uns gegenüber, der wahre Erbfeind der Polen, und unsere Zukunft besteht darin, daß wir, wie früher, eine Vormauer gegen Osten, für das Abendland, für Deutschland werden. Wir verlangen von den Deutschen Freundschaft, aber wollen auch zu ihnen in Freundschaft und Treue halten, gegenüber dem Osten, dem Russen, dem gemeinschaftlichen Todfeind.

Voll Dankbarkeit haben wir die Entschließung der Königlichen Staatsregierung gehört, die Erzbischöfliche Autorität in den Erzdiözesen Posen und Gnesen wiederherzustellen. Gerade jetzt, wo das Prinzip der Autorität von so großer Wichtigkeit ist, hat dieser Entschluß S. M. des Kaisers und seiner Regierung, der den Intentionen des verstorbenen und des jetzigen Heiligen Vaters so sehr entsprach, in den Herzen aller Katholiken der Erzdiözese und ganz speziell in den Herzen aller polnischen Katholiken weit und breit, bis über die Grenzen hinaus, ein freudiges und dankbares Echo erweckt. Der Kaiser wußte, womit er den Katholiken des Ostens und speziell den polnischen Katholiken die größte und herzlichste Freude machen konnte. Es war ihm bekannt, wie sehr und wie treu wir an der ehrwürdigen Person des verstorbenen Erzbischofs Likowski hingen, dieses edlen und klugen Mannes, der in so hohem Maße das Wohl der Bevölkerung verstand und förderte. Schnell und unerbittlich entriß uns zwar der Tod unseren geliebten Oberhirten, aber die Früchte seiner Lehren, Ermahnungen und auch Warnungen sind uns allen unvergänglich. Die Polen gedenken seiner unermüdlichen Fürsorge, sie erinnern sich, wie er als Administrator der Erzdiözese und dann als Erzbischof, darauf bedacht war, daß alles nicht nur in der Kirche, sondern auch in unserem bürgerlichen Leben der katholischen Weltanschauung entspreche, daß der Lehre Christi und den Intentionen des Heiligen Vaters überall Geltung verschafft werde. Nichts schreckte ihn zurück, weder Alter noch Kränklichkeit, noch auch äußere Schwierigkeiten und auch manche Undankbarkeit seitens solcher, deren Wohl er im Auge hatte. Die Zukunft wird erst die ganze Klugheit und Größe seiner Lehren und Ermahnungen voll und ganz würdigen.

Doch mitten im Schaffen, in angefangener Arbeit und begonnenem Werk ereilte ihn der Tod. Eine Katastrophe war das für das Land, und ganz besonders für alle, welche wußten, wie reich noch das Arbeitsprogramm des Verstorbenen war, wie jugendlich begeistert er daran ging, immer wieder bestehende Übel und unkatholische Erscheinungen auszumerzen und zu vertilgen.

Eine Katastrophe war es aber auch für alle, welchen die Fähigkeit und Kräftigung der bischöflichen Autorität am Herzen lag, die durch die vorhergehende, lange Sedisvakanz notwendiger Weise Einbuße erlitten hatte. Nun schien die schöne Hoffnung vernichtet, alles wieder auf den alten, trostlosen Standpunkt zurückgestellt. Tiefe Trauer bemächtigte sich der Diözesanen, und manch einer dachte mit Wehmut an die benachbarte Breslauer Diözese, welche kurz vorher einen Oberhirten erhalten hatte, dessen Alter und Gesundheit eine lange und segensreiche Regierung nach menschlicher Voraussicht versprechen.

In dem Augenblicke jedoch, wo man die Sache der Kirche als am schlimmsten gefährdet ansah, in den ersten Zeiten nach dem Tode des Erzbischofs Likowski, kam Trost in die betrübten Herzen. Es hieß, verbürgten Nachrichten zufolge, daß Aussicht bestehe, im glücklichen Einvernehmen zwischen Rom und Berlin der neuen Sedisvakanz ein baldiges Ende zu bereiten. Diese frohe Kunde wurde in ihrer Wirkung noch dadurch erhöht, daß man erfuhr, daß zum Kandidaten unser allgeliebter und allverehrter bisheriger Offizial und Generalvikar Dr. Dalbor ausersehen sei. Eine große und tiefe Dankbarkeit für alle Faktoren, welche in dieser so wichtigen Frage mitwirkten und entschieden, erfüllte unsere Herzen. Vor allem für seine Majestät den Kaiser und König, der wieder einmal in glänzender Weise gezeigt hat, wie sehr er die Wünsche des Heiligen Vaters und die Interessen unserer heiligen katholischen Kirche zu berücksichtigen versteht.

Gerade wir Katholiken, die wir im neuen Deutschen Reiche manches Harte, um nur vom Kulturkampf unseligen Andenkens zu sprechen, in früheren Zeiten erduldet haben, und immer des Bestehens uns mißgünstiger Kräfte, Ideen und Strömungen gewärtig sein müssen, wissen es zu würdigen, daß unter der gegenwärtigen Regierung manches wichtige Postulat der Kirche erfüllt worden ist. Und mit Wehmut vergleichen wir damit die Zustände in Italien, diesem reinkatholischen Lande, das am nächsten dem Sitze des Oberhauptes der Kirche ist. Wir denken an die schmachvolle Fortdauer, des vor vierzig Jahren von Viktor Emanuel und seinen Helfern vollführten Sakrilegs, der Beraubung der weltlichen Macht des Papstes. Wir denken an den empörenden Zustand, daß der einzig legitime, einzig wahre König und Herr Roms, jetzt ohne jeden Schutz, in den Händen des Eindringlings sich befindet. Polen ist ein reinkatholisches Land und Volk. Ebenso wie Italien. Aber anders in der Betätigung seines Katholizismus. Bei uns ist er nicht nur Tradition, sondern er hat das ganze Wesen unseres Volkes durchdrungen und durchgebildet. Ein nicht durch und durch römisch-katholisches, streng orthodoxes Polen wäre kein wirkliches Polen mehr. Es wäre ein fremdes Gebilde, das mit dem historischen und noch immer aktuellen, nur äußere Formen gemeinschaftlich hätte.

Aus diesem echt katholischen Wesen des polnischen Volkes kann man es ermessen, mit welchen Gefühlen es der römischen Frage gegenübersteht, jetzt desto mehr, da diese Frage doch hoffentlich wieder an die Tagesordnung treten wird. Wenn auf der einen Seite das katholische Österreich, auf der anderen die freimaurerische Regierung des exkommunizierten Italienerkönigs steht, wenn hier die alte, mit Polen so oft verbündete Habsburger Standarte, dort aber die Logenabzeichen erglänzen, dann weiß ein polnisches Herz, wohin es sich mit seiner Liebe, seinen Wünschen, seiner Sympathie wenden soll. Und wenn Deutschland in treuer Waffenbrüderschaft dem Bruderstaate beisteht, dann tritt für den Polen, außer allen anderen staatsbürgerlichen und antirussischen Momenten, noch das Gefühl der Dankbarkeit hinzu, daß es dem größten katholischen Staate, in seinem Heldenkampfe gegen Schisma im Osten und Logenunglauben im Westen, tätiger Helfer und Freund ist. Denn daß katholische Interessen von ungeheuerer Tragweite in diesem Kriege auf dem Spiele stehen, ist für einen denkenden und sehenden Katholiken außer allem Zweifel.

Es wäre sehr zu wünschen, daß in der Presse, in Reden und öffentlichen Vorträgen, auch in den Parlamenten, möglichst viel darauf hingewiesen, und die europäische Lage vom katholischen Standpunkte aus beleuchtet würde. Wir haben ja hier volle Freiheit, dies zu tun, während auf der anderen Seite die katholischen Elemente von direkt antikatholischen Regierungen und Mächten in jeder freieren Betätigung ihrer katholischen

Weltanschauung behindert werden.

In Rußland führt und regiert alles das Schisma. Sein hundertjähriger Triumphzug gegen Polen und gegen die katholische Kirche sollte jetzt, wenn es nach dem Sinne der Russen ginge, neue, ungeheure Gewinne einheimsen.

Das Schisma blickt stolz auf die Vergangenheit. Solange Polen als großes, unabhängiges Reich dastand, waren die gewaltigen Gebiete seiner östlichen Provinzen (zugleich die Quelle seiner Hauptmacht), also Wolhynien, Podolien, die Ukraina, Litauen, bis über Witebsk, Polock, Kiew hinaus, alles was diesseits des Dnjepr, ja sogar jenseits des Dnjepr, das Gebiet um Czerniechow, im römischen Machtbereich. Zu Polen gehörte dies alles, dem erzkatholischen Königreich, dessen Herrscher den vom Papst verliehenen, bedeutungsvollen Ehrentitel der „sehr orthodoxen Könige" führten, dessen ganze Gesetzgebung vom katholischen Geiste durchweht war, dessen König Johann Kasimir in der Lemberger Kathedrale sein Reich und Volk für alle Zeiten der Jungfrau Maria geweiht und verschrieben hat. Rußland machte zwar auch schon in sehr frühen Zeiten, als es noch keine Territorialgewalt über diese Länder hatte, Versuche, das Schisma bei den Einwohnern zu begünstigen. Es sandte bereits im siebzehnten und achtzehnten Jahrhundert Agitatoren in diese Grenzlande Polens, und manche Unruhe war davon die Folge.

Aber solange Polens Zepter über diese weiten Regionen herrschte, blühte in hohem Grade die Union mit Rom. Erst, als die Russen bei den Teilungen in Polen eindrangen, da kam die große Katastrophe auch für die Kirche. Auf Befehl der Kaiserin Katharina stürzten sich Horden von schismatischen Popen, begleitet von Gendarmen, Kosaken und Kalmücken auf die wehrlose Bevölkerung. Unter unerhörten Grausamkeiten und bestialischen Martern wurden die Opponenten entweder zu Tode gepeinigt, oder traten zum Schisma über.

Dieses gewaltige reichspolnische Gebiet, welches bei uns Polen den charakteristischen Namen „geraubte Provinzen", kraje zabrane" führt, und sich jenseits des Bug, bis zum Dnjepr hinzieht, diese große Ländermasse, die größer als Preußen ist, und welche die Hauptquelle der Macht und des Ansehens des historischen Polens bildete, sie ist zum weiten Schlachtfeld geworden, auf welchem sowohl die katholische Kirche, als auch die polnische Idee am schlimmsten und ärgsten bedrückt worden ist. Die große Idee der Zukunft kann sowohl für die Kirche, als auch für das Polentum, nur die Wiedergewinnung ihres früheren, ererbten Einflusses in diesen Gegenden sein.

Die Kirche hat diese ihre Auffassung auch nie verleugnet. Der große Geist Leos XIII. Dachte immer an die Befreiung dieser Länder von dem Greuel des russischen Schisma. Aber auch unter den Polen empfinden es alle patriotisch Denkenden als ein Unglück und eine Schmach, diese reichen Gebiete von den Russen als echtrussische benannt zu sehen, während doch erst jenseits dieser Gebiete das wirkliche Rußland beginnt, wo das Volk weder polnisch, noch ruthenisch, noch litauisch ist, sondern russisch. Die russische Tschinowniktheorie, daß nur das sogenannte Kongreßpolen, also der Teil Polens, der bis zum Bug reicht, und auch Weichselland von den Russen benannt wird, das wirkliche Polen sei, findet bei keinem patriotischen Polen Gehör. So wie die beiden Polenaufstände 1830 und 1863, als Hauptgrund die Wiedererlangung und Befreiung jener östlichen Gebiete des alten Polenreiches hatten, so denkt und fühlt auch noch heute jeder Pole, der nicht seine ganze historische Tradition vergessen, seinen polnischen Patriotismus in den russischen Gedankengängen verloren hat.

12

Viele Bücher, davon auch einige in polnischer Sprache, sind auf Kosten der russischen Regierung gedruckt und verbreitet worden, um nur die These glaubhaft zu machen, die Polen hätten auf Litauen, Wohynien, Podolien und überhaupt ihren alten Osten verzichtet und betrachten nur das Weichselgebiet als ihr Land. Diese ganze, in allen Sprachen der Welt, durch die Russen verbreitete These, hat sogar in deutschen Publikationen einen unbewußten Widerhall gefunden, indem oft das polnische Interesse gegenüber Rußland, als mit der Buggrenze endigend und sich auf das sogenannte Kongreßpolen beschränkend, dargestellt wird. Dies ist auch sachlich ganz falsch, abgesehen von den historischen Momenten und vom doch in diesem Falle ganz klaren deutschen Interesse, die polnische Einflußsphäre nach Osten nicht einzuengen. Ich sage, es ist auch sachlich ganz falsch, diese weiten Ostprovinzen Altpolens, als jetzt ganz vom polnischen Element entblößt darzustellen. Allerdings haben sich die Russen durch hundert Jahre alle Mühe gegeben, das Polentum in Litauen, Wolhynien usw. zu vernichten.

Sie konfiszierten dort dem polnischen Adel so viel Großgrundbesitz, daß derjenige von mehreren preußischen Provinzen, die Fläche kaum decken würde, wozu ganz besonders das beitrug, daß, außer den direkten Raubkonfiskationen ein barbarisches Gesetz erlassen war, demgemäß jedes Gut, das von einem Polen verkauft wurde, nur in russische Hände gelangen durfte. Allerdings war, eine unerhörte Grausamkeit, selbst der Gebrauch der polnischen Sprache vielfach untersagt.

In Wilna, der Stadt des Dichterfürsten Mickiewicz, in Litauen, das die höchsten literarischen Größen Polens produziert hatte, aus welchem der Kriegsheld Kosciuszko stammte, durfte ein Pole nicht polnisch sprechen.

Im siebzehnten Jahrhundert hatten die Polen, bis nach Moskau, ihren Triumphzug ausgedehnt, und der damalige kulturelle Russe rechnete es sich als höchste Ehre an, die polnische Sprache zu verstehen und zu sprechen. Im Neunzehnten aber war die schmachvolle Lage der entthronten Königin Polonia eine so tiefe, daß selbst in den ihr eigenen Landen, der Gebrauch der schönen Sprache Kochanowskis und Skargas wie ein Verbrechen verboten ward. Der rohe Tschinownik, der stumpfe Kalmücke, herrschen jetzt dort, wo die Radziwill, die Sapieha, die Chodkiewicz, die Lubomirski und die Poltocki, diese großen Kulturförderer des Ostens, Hetmanen und Wojewoden der königlich polnischen Majestät waren.

Das ist alles wahr, die Unterdrückung ist lange Jahre hindurch eine unerhörte gewesen, der Haß Rußlands gegen alles Polnische ein grenzenloser. Aber trotz alledem, trotz der Verfolgung, trotz Konfiskationen, trotz Brandschatzung, Raub und Mord, ist doch von dem königlich großen Besitz Polens in diesen Ländern noch genug geblieben. Noch jetzt besitzt dort der polnische Adel dem Hektarumfange nach, mehr Grund und Boden, als in allen westlichen polnischen Gebieten zusammengenommen, einschließlich Galiziens. Noch ist dort eine kulturelle, fast drei Millionen zählende, polnische Oberschicht, zu finden. Noch jetzt ist dort das polnische Element, das am höchsten stehende.

Jedenfalls aber gibt es in diesen ganzen weiten Ländern überhaupt kein landsässiges, russisches Element. Russisch sind dort nur die zugewanderten Beamten und die, meistens abwesenden, Inhaber der den Polen geraubten Güter. Aber diese Großgrundbesitzer sind durch nichts mit dem Lande verwachsen. Die ganze soziale und traditionelle Stellung des polnischen Adels, in diesen Gegenden sind sie weit entfernt zu besitzen. Sie sind weniger als Pächter, und würden sofort freiwillig verschwinden, wenn die Kompetenz des russischen Gendarmen aufhören würde. Auch jetzt schon sind sie ja dem Lande kaum bekannt.

Dagegen sind als Urbewohner in den östlichen Grenzprovinzen Polens, außer den Polen noch andere Völkerschaften zu verzeichnen, die, obgleich an Kultur die Polen nicht erreichend, doch ebenfalls historische Mitbewohner und mitberechtigte Einwohner sind, welche durch gleiche Interessen, gegen Rußland mit uns vereint. Ich meine die zum Teil römisch-katholischen Weißruthenen, die Litauer und die Rotruthenen. Das Verhältnis der Polen zu diesen Mitbewohnern desselben Bodens, ist eine besonders zu behandelnde Frage. Jedenfalls ist ihr Lebensinteresse ebenfalls gegen Rußland gerichtet, wenn auch nicht immer ihre bisherige Politik.

Die Schuld daran muß man der geringen kulturellen Entwicklung, dieser kulturell noch jungen, obgleich hochbegabten Völker, und infolgedessen ihrer geringeren Widerstandsfähigkeit gegenüber dem gewaltigen Asiatentum Rußlands zuschreiben. Deshalb ist eine wirkliche, dauernde Befreiung vom russischen Joch, für diese Volksstämme, ohne engen Anschluß an das polnische Element,

16

gar nicht zu denken. Für diese Völker gibt es keinen dritten Ausweg. Entweder Freundschaft mit den Polen und Freiwerden von russischen Einflüssen, oder aber Politik auf eigene Faust und ganz sicheres Aufgehen im Russentum. Der Beweis ist schon lange geliefert. Die Russen haben die Ruthenen in ganz anderem Maßstab russifiziert, als dies ihnen den Polen gegenüber gelungen ist. Wenn jetzt in Galizien die Ruthenen so vielfach versagt haben, so ist dies die Folge ihrer dortigen Lostrennung von dem polnischen, stärkeren Kulturelemente.

Anstatt die jahrhundertlange Gemeinschaft mit den Polen weiter zu pflegen und in Anlehnung an die polnische Kultur eine eigene, sich allmählich in natürlicher Weise zu schaffen, wollten die galizischen Ruthenen in rein amerikanischer Weise, sich im Handumdrehen eine eigene Kultur fertig schaffen. Leider Gottes wurden sie in diesem gefährlichen Experiment von deutscher, die Verhältnisse nicht kennender Seite oft unterstützt. Das Resultat war dann so, wie es sein mußte.

Eine Kultur ist kein Haus, das man baut; sie muß organisch sich entwickeln. Dieses natürliche Gesetz vergaß man. Die Ruthenen konnten sich an Eigenes nicht anlehnen, denn das gab es im modernen Sinne nicht in genügendem Maße, trotz aller gewaltigen Hilfe, die unter polnischem Regime in Galizien, in den letzten Jahrzehnten den Ruthenen zuteil wurde, trotz hunderten von ruthenischen Schulen, trotz Gründung ruthenischer Bibliotheken, Museen usw. Die verwandte, alte, angestammte Anlehnung warf man von sich, und das ruthenische Volk wurde in fataler Weise in die Lage gebracht, sich an die andere, ebenfalls verwandte, aber doch fremde, im Entgegengesetzten Sinne von der polnisch-lateinischen Gedankenwelt, in das byzantinisch-mongolisch hinüberziehende, russische, niedere Kultur anzulehnen. Das Byzantinisch-Orientalische wurde von den galizischen Ruthenen gepflegt und das ruthenische Volk, das eine Trennung zwischen Kultur und politischem Gedanken nicht machen kann, geriet auf Abwege, die ihm jetzt insofern mit Unrecht vorgeworfen werden, als sie eine natürliche und für jeden Denker selbstverständliche Konsequenz der vor dem Kriege sich entwickelnden antipolnischen Tendenzen bei den Ruthenen sind.

Es sollte daraus eine Lehre gezogen werden, daß, wenn der Ruthene mit dem Byzantinismus und der östlichen Kultur paktiert, er rettungslos auch im politischen Sinne dem Russentum verfallen ist. Anders der Pole. Als weit über dem Russen stehend, kann er viel länger und leichter seine geistige Unabhängigkeit gegenüber dem Russentum bewahren, auch wenn er, wie die jetzt unter russischer Knechtschaft noch lebenden Polen, notgedrungen oft darauf angewiesen ist, mit dem Unterdrücker zu paktieren und dessen barbarische Behandlung durch Politisieren zu mildern.

Selbstverständlich ist auch für den Polen das Zusammenleben mit der russischen Kultur etwas Gefährliches und Herabziehendes. Jeder, der ein feines Gefühl für das Echtpolnische hat, wer sich der hohen historischen Mission des Polentums als Vorkämpfers des Abendlandes und des lateinischen Geistes gegen Mongolien und Byzanz bewußt ist, sieht mit Bangen den schon so langen Kontakt Polens mit den Russen an. Aber jeder Kenner der polnischen Volksseele weiß auch ganz genau, daß, was auch kommen möge, Polen von Natur aus zu einer anderen Welt, als Rußland gehört. Er weiß, daß für Polen das Abendland und Rom entscheidend ist. Er weiß ferner, daß in der Seele eines jeden, auch des ungebildetsten Polen das Gefühl wohnt, einer höheren Rasse anzugehören, als der Russe.

Noch jetzt, trotzdem auf königlich polnischem

Boden sich der Asiate breit macht, ist der unterjochte Pole doch das aristokratische Element. Noch jetzt, trotzdem der Russe ein Meer von polnischem Blut vergossen und unermeßliche polnische Reichtümer geraubt hat, steht der Pole als ein entrechteter Herr dem starkgewordenen Wilden gegenüber. Und auch der Russe fühlt dieses Verhältnis, er hat die Macht, dem Polen sein Gut zu konfiszieren, aber er bettelt dabei um eine Einladung in ein polnisches Haus, weil dies eine Ehre für ihn ist. Der Pole bleibt doch immer der Herr, und der Russe der Sklave, trotzdem dieser Sklave jetzt den Herrn in Fesseln gelegt hat. Mögen jetzt, wo die deutschen Truppen in Warschau stehen, die Russen Kriegslisten anwenden und den Polen eine angebliche Autonomie in dem kleinen Gebiete Kongreßpolens, um Warschau herum, anbieten: Die große polnische Idee, wie sie in diesen Ostprovinzen in den Zeiten, wo unser altes Reich noch bestand, sich entwickelt hat, werden sie nicht töten können.

Die List ist schlau, denn sie hat zum Zweck, uns den Hauptbestand des alten Polenreiches, das Gebiet jenseits des Bug, vergessen zu lassen, sie gelingt aber nicht, denn es ist nicht möglich, eine tausendjährige Vergangenheit zu vernichten. Die dortigen polnischen Kulturelemente sind noch zu gewaltig und kulturell zu konkurrenzlos, als daß sie auf immer abdizieren könnten. Die Russen sehen, daß ihre Macht erschüttert ist und die Bewohner der Ostprovinzen des früheren Polenreiches, auch wenn sie formell sie staatliche Zugehörigkeit zu Rußland jetzt nicht verlieren sollten, naturgemäß ihren westlichen Brüdern und folglich auch den österreichisch-deutschen Zentralmächten zustreben werden. Sie bieten deshalb alles auf, um dies zu verhindern. Es ist aber nicht anzunehmen, daß dieser russische Plan gelingt. Zu prachtvoll ist das Hohelied der polnischen Vergangenheit von Chocim, von der bessarabischen Grenze, bis hinauf an die Wilja und Dzwina, als daß es je verstummen könnte. Die Schlachtfelder singen es und die alten Kathedralen, die Grabmäler und die Dokumente in den Archiven, die Familiengeschichte der großen polnischen Geschlechter und die goldenen Worte unserer Nationalpropheten und Dichter, der Pasek, Mickiewicz, Slowacki, Krasinski.

Noch hängt in polnischen Häusern an der Wand Grottgers Lithuania, ein schauder-erregender Bilderzyklus aus dem letzten heroischen Aufstande. Es leben ja noch die Söhne und Enkel der Ermordeten, der nach Sibirien, in die Bergwerke Verschickten. Noch stehen im ganzen Osten die von den polnischen Granden, gegründeten Städte.

Diese ganze große Vergangenheit ist da, gegenwärtig und wirkend auf die Nachkommen, lebendig für die Jetztzeit. Sollte je ein Teil der zeitgenössischen Polen wirklich, innerlich nachgeben und russischen Geist annehmen, dann würde diese Vergangenheit sich ihm entgegenstellen. Die große und ruhmvolle Geschichte des polnischen Ostens würde sich auflehnen, gegen die Verräter an dem heiligen Nachlaß.

In diesem Kampf gegen die großen Tradition würden die lebendigen Schwächlinge den Kürzeren ziehen. Denn aus der Gegenwart, der polnischen Gegenwart, würden dieser polnischen Vergangenheit Verbündete entstehen, und jeder wirkliche Versuch, einer dauernden, endgültigen, ernsten Verbrüderung und Vermählung des polnischen Geistes mit dem asiatischen Moskowitertum, jede andere, als rein opportunistische, rein äußerliche, durch die Not der Lage erzwungene, zeitweilige Anbiederung der dortigen Polen, mit den russischen Häschern, würde todsicher eine solche Reaktion in der polnischen Volksseele hervorbringen, daß alle künstlichen Brücken versinken und die Polen wieder als die alten, natürlichen Vorkämpfer des Abendlandes, dem russischen, halbmongolischen Barbaren gegenüberstehen würden.

Zwischen Polen und Rußland ist der Gegensatz nicht nur ein rein politischer, um das Primat in der polnischen Ostmark, in den Ländern zwischen Bug und Dnjepr. Der Gegensatz ist vielmehr ein weit tieferer und größerer. Diese Lande bilden die moralische Wasserscheide zwischen dem Abendlande mit seinen Begriffen und seiner Weltanschauung einerseits und andererseits dem innerlich barbarischesten Osten, mit seiner tödlichen Unkultur, seinem ganz anders gearteten Gedankenhorizont.

Die eigentlichen Russen, die herrschende Nation der Großrussen, sind ja überhaupt keine reinen Slawen, so gern und so sehr sie sich als Slawenvormacht aufzuspielen lieben. Jeder Ethnograph sollte es wissen, jeder Pole aber, ohne Ethnograph zu sein, weiß es von Kindesbeinen an, daß das großrussische Blut von tatarischmongolischen Elementen so durchsetzt ist, daß dies auf die ganze kulturelle und moralische, geistige Verfassung dieses Mischvolkes einen entscheidenen Einfluß ausgeübt hat. Sogar die Vorzüge des Russen zeugen davon.

Bekanntlich ist die russische Diplomatie

immer das Beste gewesen, im russischen Regierungsorganismus. In Unterhandlungen, listigen Versprechungen, in dem Ausspielen naiver Gegner gegeneinander, sind die Russen stets Meister gewesen. Niemand, wie sie, versteht sich so auf die polizeiliche Überwachung, auf das Geheimagentenwesen in fremden Ländern.

Mit einer Meisterschaft ohnegleichen, haben sie stets Völker geködert und gegeneinander ausgespielt, im Bereich des alten Polens die einzelnen Bevölkerungsklassen gegeneinander aufzuhetzen versucht. Niemand vermag im Handel und Wandel, im privaten, wie im öffentlichen Leben, so bieder-treulos, so süß-verschmitzt, so scheinbar offenherzig, aber betrügend, aufzutreten, wie sie. Graeca fides ist bei ihnen zur zweiten Natur geworden und auch in diesem Kriege, in welchem die ungeschlachte Riesenübermacht des moskowitischen Kolosses sich recht passiv erwiesen und die Hoffnungen seiner Verbündeten auf einen raschen und mühelosen Spaziergang nach Berlin so gründlich getäuscht hat, versucht der russische, listenreiche Odysseus mit den Polen ein neues Spiel.

Als die Zentralmächte im Anfang des Krieges bis Warschau und Lublin vorrückten, da hieß es gleich, die polnische Autonomie sollte proklamiert werden. Natürlich nur für das entbehrliche und bereits halb vom Feinde besetzte Weichselland. Als aber dann die Zentralmächte vorrübergehend weichen mußten und Galizien von den Russen besetzt wurde, da versanken sofort die russischen Versprechungen in ein Nichts, vielmehr wurde Ostgalizien gleich in energischester Weise russifiziert. Als jetzt wieder unsere Truppen an Raum gewannen, fast ganz Galizien wiedergewonnen, und zwei Drittel Kongreßpolens besetzt wurde, da tauchten die Autonomieprojekte wieder aus der Versenkung auf. Die russischen Zeitungen machen nun schon ihre dritte Verwandlung seit Kriegsausbruch durch. Wenn unsere Truppen Wolhynien und Litauen besetzt haben werden, dann werden vielleicht die Russen ein unabhängiges Königreich Polen feierlich versprechen!

So war es ja auch während und nach dem japanischen Feldzug. Erst hieß es, Rußland würde mit den Mützen seiner Kosaken die japanischen Halbaffen bedecken. Dann, als die Halbaffen bei Mukden gesiegt hatten und dazu noch die innere Revolution kam, da war auf einmal Polen mit seinen Ansprüchen wieder auf der Tagesordnung, natürlich auch damals unter Wahrung des prinzipiellen russischen Grundsatzes, daß die Länder hinter dem Bug auf ewig den Russen als echtrussisches Land gelten sollten. Nur das Weichselland sollte verschiedene, sogenannte Freiheiten bekommen. Dann aber, sobald die äußeren Feinde durch den Frieden besänftigt, die innere Revolution durch Niederknallen der Petersburger Volksmassen, bis auf weiteres mundtot gemacht war, da zeigte die großrussische Psyche ihr wahres Antlitz den Polen in unverhüllter Offenheit.

Die Polen bildeten bekanntlich in der neuen Duma durch ihre parlamentarischen Traditionen, durch ihre ganze politische Vorbildung eine Partei, die von der Unkultur der übrigen sehr abstach und bald eine bedeutende Stellung einnahm. Das ärgerte die russische Seele, und sie sann auf ein Mittel, diesem Zustande ein Ende zu machen. Lag doch die Gefahr nahe, daß die Polen, denen sich ihre Brüder, aus den jenseits des Bug liegenden Gebieten, anschlossen, ihre Stellung so groß und ausschlaggebend machen würden, daß die alte große polnische Frage in ihrer reinen, ursprünglichen Form, nämlich auf das ganze früher reichspolnische, jetzt russische Gebiet sich ausdehnend, wieder aufleben würde.

Diese Besorgnis wuchs zusehends in den russischen Gemütern und zwar aller Parteien. Man konnte sie zwischen den Zeilen in immer zahlreicheren Publikationen lesen, trotzdem die Polen, die Gefahr voraussehend, alle möglichen Vorsichtsmaßregeln ergriffen, die Volksvertretung Kongreßpolens, sichtlich sich taktisch von derjenigen der Ostprovinzen unterschied, und in den Dumareden alles vermieden wurde, was die russischen Herren reizen, oder auch nur aufregen konnte.

Wer diese Zeiten in ihrer politischen Entwicklung überblickt und der verschiedenen Publikationen gedenkt, die damals aus polnischer Feder hervorgingen, der muß wirklich zugestehen, daß die Polen alles getan haben, um den Unterdrücker in gute Laune zu versetzen. Schrieb doch damals ein Pole aus Litauen, daß die Ostmarken, die erblichen polnischen Ostmarken endgültig von den Polen aufgegeben seien, und die Russen sich um die polnischen Aspirationen auf Wilna und die alten Länder Litauens, keine Sorge machen dürften, weil dieselben nicht mehr existierten. Da wurde ihm allerdings von einer polnischen Stimme diesseits unserer Grenze geantwortet, ein derartiges Aufgeben der heiligsten polnischen Traditionen sei gleichbedeutend mit Verrat an der nationalen Idee.

Von den autoritativen polnischen Stimmen des russischen Inlandes, so sehr sie auch derselben Ansicht waren, erhob sich keine zum Protest gegen derartige Behauptungen. Jede nur mögliche Rücksicht wurde den Russen zuteil. Man kokettierte förmlich mit ihnen, um nur etwas Schonung und Milde von ihnen zu erbitten.

Doch all dieses Bemühen half gar nichts. Die russische Regierung führte in brutaler Weise einen Handstreich gegen die polnische Vertretung in der Duma aus, wie man in der ganzen Welt seinesgleichen vergeblich suchen würde. Anstatt den kulturellen Ideenkampf mit den Polen in der Duma aufzunehmen und die russische, panslawische Idee, gegen die polnische ihre Gegnerschaft, auf parlamentarischem Wege ausfechten zu lassen, handelte die Matuschka Rossija, wie sie es gewohnt war, und nahm ihre Zuflucht zur Gewalt.

So tat es die Regierung den Polen in der Duma gegenüber. Sie nahm ihnen eine ganze Anzahl von Mandaten einfach weg und gab sie russischen Vertretern, das Wahlrecht wurde den Polen ohne viel Federlesens verkürzt und damit Punktum und Basta. Dieser Faustschlag ins Gesicht der angeblichen Schwesternation (so nannte man

die Polen, als die Niederlage der russischen
Armee in der Mandschurei bekannt geworden
war) wurde ganz ruhig ausgeführt, und nicht einmal beklagen durften sich die Polen in entspre-
chender Weise über eine so unerhörte Behandlung. Ja, es gab noch russische Stimmen, die sie
wegen ihres Schweigen verspotteten, während
doch die Gendarmenzensur jede lautere Klage
unterdrückte. So kam der Hohn zum Raube
hinzu.

Ich bin sicherlich kein Bewunderer parlamentarischen Regimes. Aber wenn ich es auch höre,
dann könnte das Beispiel der Entrechtung der
Polen im russischen Parlament, mir und jeden
Polen als Lehre und Probe dienen, was unsere
Brüder unter russischer Herrschaft, von den sogenannten russischen Freiheiten, zu erwarten haben.
Denn die russische Duma war keineswegs eine
gänzlich machtlose Schöpfung. Im Gegenteil,
soweit dies in diesem barbarischen Lande möglich ist, verkörperte sie die öffentliche Meinung
Rußlands, stellte sich auch oft der Regierung ent-
gegen, war in vielen Fragen ganz anderer
Ansicht, als das Ministerium. Aber die den Polen
zugefügte Schmach ließ sie bestehen. Das waren
eben Polen, d. h., der innerlich verhaßteste
Stamm, den es für den wahren Russen gibt.

Die mongolische Natur des Russen verleugnet sich nie. Er ist selten ein offener Bedrücker, ohne zugleich mit großer Hinterlist darauf bedacht zu sein, die Zuschauer von seiner Unschuld zu überzeugen, oder doch wenigstens ihre Aufmerksamkeit von dem wahren Sachverhalt abzulenken. So tat er es unter der Kaiserin Katharina, als diese drei Viertel Polens in ein Meer von Blut verwandelte und durch französische Schreiber ihre Wohltaten gegenüber dem unglücklichen Lande preisen ließ. Ebenso taten es die Russen unter der grausamen Regierung Nikolaus I., der Millionen von Morgen konfiszierte, Städte verwüstete, ungezählte Tausende nach Sibirien schickte, die letzten Freiheiten und übriggebliebenen Privilegien den Polen wegnahm, aber durch seine Pariser und Londoner Agenten die französische und englische Presse beeinflußte, daß sie die Zustände im heiligen Rußland nicht in den richtigen Farben ausmale.

So taten es auch die Petersburger Machthaber, als sie den polnischen Aufstand von 1863 in Strömen von Blut ertränkten und mit der ganzen Bestialität ihrer entfesselten Barbarennatur noch einmal Kongreßpolen und noch mehr Litauen mit Feuer und Schwert verwüsteten, aber gleichzeitig in ganz Europa, durch Geld und diplomatische

Mittel, sich als völlig unschuldig darstellen ließen. Damals verfing allerdings noch nicht jeder russische Kunstgriff auf die öffentliche Meinung der Welt.

Trotz aller russischen Agenturen erhob sich damals, vor 50 Jahren, in Paris und in London ein Schrei der Entrüstung wegen der unerhörten Greueltaten in Polen. Ganz besonders erhob sich die katholische Partei Frankreichs zu einem flammenden Protest gegen Rußland. Der geniale Graf von Montalembert hielt Reden, schrieb Artikel gegen den Zarismus und krönte seine Tätigkeit durch das berühmte Werk „Une nation en deuil". Auch die französische Regierung, und ebenso die Englische, ließen sich nicht davon abhalten, zugunsten Polens, gegen die Russenwirtschaft zu protestieren.

Doch wie bald war diese schöne und edle Bewegung auf Seiten der Westmächte verschwunden. Im Jahre 1863 war noch die Erinnerung an den Krimkrieg lebendig, an die populär gewordenen und in Pariser Liedern besungenen Stürme gegen Balaklawa und Sebastopol. In England sang jedes Kind die Strophen über die britischen Schlachtschiffe, welche vor den Toren Petersburgs die russischen Festungen bombardiert hatten.

Zur Zeit des japanischen Krieges und der Einsetzung der Duma waren diese schönen Erinnerungen verflogen. Bereits reifte auf dem moralischen Horizont der Westmächte die Saat Eduards VII. Rußland, der bisherige, geradezu klassische Barbar, war allmählich zu einem noli me tangere für die Westmächte geworden.

So verhallte denn die den Polen in ihrem parlamentarischen Repräsentationsrecht zugefügte Schmach sang- und klanglos an der Seine und Themse. Im Gegenteil, gefällige, oder erkaufte russische Kreaturen versahen die französisch-englische Presse mit Artikeln, in welchen die gute Gesinnung der russischen Regierung gegenüber den Polen hervorgehoben und gepriesen wurde.

Sehr interessant gestaltete sich dann die Tätigkeit der Duma in Bezug auf die polnischen Angelegenheiten. Alle die großen Versprechungen, alles Ködern der Polen verflüchtigte sich, wie schon oben gesagt, in ein Nichts. Kleine, nichtssagende Konzessionen, wurden durch gegenteilige Maßregeln aufgehoben und solche, die scheinbar eine größere Bedeutung hatten, wie z. B. die Aufhebung des sogenannten Ukases vom

32

10. Dezember, welcher den Polen in den Ostprovinzen Landerwerb verbot, (diese Aufhebung war übrigens nicht ein Werk der Duma, sondern eine Entschließung der Krone), wurden durch eine verstärkte, antipolnische Agitation unter den Litauern, denen die Regierung Bücher druckte und ihren Anführern verschiedene Ehren versprach, ausgeglichen. Wohl fühlte das brave, einfache litauische Volk die versteckte Gefahr und ließ sich nicht zu Gewalttätigkeiten wider die Polen hinreißen.

Aber die böse Saat trieb doch ihre Keime und brachte Unfrieden unter die gleichmäßig bedrohten Bewohner der Ostprovinzen.

Was jedoch im Osten nicht gelang, das sollte noch weniger in Kongreßpolen selbst gelingen. Dort hatten die Russen von altersher einen wahrhaft teuflischen Plan ausgearbeitet, um den polnischen Volksstamm zu vernichten. Sie organisierten ein ganzes System von Volksvernichtung, in allen seinen Einzelheiten genau ausgeführt und festgelegt, im Laufe der Jahre dann durch immer neue Kniffe und Vertilgungsmittel bereichert und vervollkommnet. Dieses Vernichtungssystem basierte auf dem ganz speziellen Neid der Russen gegenüber der höheren Kultur der Polen. Sie sahen, daß, sobald die Unterdrückung etwas nachließ, die strebsamen Polen gleich wieder sich zusammenrafften und aufs Neue ihr Gemeinwesen wieder aufzubauen begannen. So sollte denn der polnische Volksstamm in so eine Verfassung gebracht werden, daß er innerlich zersetzt, überhaupt nicht mehr im Stande sei, sich aus seiner eigenen Kraft und Energie heraus zu erheben und zu vervollkommnen. Alles sollte an ihm in raffiniertester Weise zugrunde gerichtet werden.

Vor allem versagte man ihm jegliche Bildungsmöglichkeiten. Das Schulwesen, welches noch eine der letzten Sorgen des sterbenden Polens im 18. Jahrhundert gewesen war, wurde auf das durchschnittliche, russische Niveau gebracht, d. h. beinahe ganz unwirksam gemacht. Zwei Drittel der Bevölkerung in Kongresspolen sind Analphabeten, ein beredetes Zeugnis dieser Russenzivilisation. Dabei, um das Bild in seiner wahren Bedeutung würdigen zu können, muß noch berücksichtigt werden, daß dem einen, schreib- und lesekundigen Drittel der Bevölkerung Kongreßpolens, fast alle Juden, als Stadtbewohner, zuzuzählen sind.

So verbleibt für den Bauern, den einfachen Landmann, ein erschreckend niedriger Prozentsatz der Lesekundigen. Ein guter Kenner des Landes meinte vor zwei Jahren, daß nicht viel über 10 Prozent der polnischen Bevölkerung in Kongreßpolen wirklich lese- und schreibkundig ist. In der Millionenhauptstadt Warschau gibt es ganze Stadtteile, wo man auf der Straße, wie wo anders im Mittelalter, einen Schriftgelehrten sieht, der der umstehenden Menge einen Brief, oder sonst irgend ein Schriftstück vorliest.

Das sind die Früchte der russischen Wirtschaft, denen auf dem Gebiete der Bildung noch unzählige andere beigestellt sind. Wenn das arme, simple Volk sich nicht helfen kann, dann suchen die oberen Schichten auf die Weise den den Kalmückengymnasien und halbmongolischen Universitäten der Russen zu entgehen, daß sie ihre Söhne ins Ausland zur Schulbildung schicken. Vor einigen Jahren brach in Warschau ein großer Schulstreik der polnischen Jugend aus, der natürlich gar nichts half.

Bis in ganz ferne Länder hin fliehen die Polen vor der russischen Schule, sie gehen nicht nur nach dem nahen Deutschland, sondern nach Frankreich, der Schweiz, Italien, England. Die Privatenergie vermag es also oft, gegen die Russifikation des Geistes anzukämpfen. Aber erstens sind es nur die wenigsten, die in der Lage sind, es zu tun. Zweitens müssen auch unter diesen viele Rücksicht darauf nehmen, daß die russischen Staatspseudoschulen das Monopol der Rechteverteilung haben. Trotzdem die Russen auf dem Gebiete des Schulwesens notorisch nicht kompetent sind, gestatten sie erst in den allerletzten Zeiten unter den größten Schwierigkeiten die Gründung von ein paar polnischen Privatgymnasien. Wenn unter solchen Schwierigkeiten, die fast unüberwindlich zu nennen sind, sich dennoch eine verhältnismäßig große, geistige Regsamkeit unter den Polen, in Rußland, offenbart, so kann dies nur eine wirkliche Bewunderung für diese tüchtigen Polen einflößen, die, trotz allem, in der russischen Flut nicht untergehen will.

Das System der Russen begnügte sich jedoch nicht mit der planmäßigen Volksverdummung. Auch die moralische und physische Verschlechterung des polnischen Volkes wurde mit Vorsatz und Überlegung, mit raffiniertester Konsequenz, jahrzehntelang getrieben. Was das Physische betrifft, so streife ich nur im Vorübergehen die ungeheuerlichen sanitären Zustände, die von der russischen Regierung in den polnischen Landesteilen eingeführt und unterhalten wurden. Seuchen gab es ohne Ende, und venerische Krankheiten in solchem erschreckenden Maße, daß man in einzelnen Städten bis auf 50 % der Gesamtbevölkerung die Zahl der Kranken, oder krank Gewesenen, einschätzte. Die Privatinitiative war auch in dieser Beziehung meistenteils stark unterbunden.

Als polnische Vertreter bei Regierungsstellen anfragten, ob denn nicht wenigstens in derartigen, durchaus nichtpolitischen Angelegenheiten eine autonomische Verwaltung des Landes eintreten könnte, wurde ihnen mit dem Hinweis auf Innerrußland geantwortet, wo die Dinge nicht besser aussähen. Immer wieder trat die Besorgnis hervor, es könnte die kulturelle Überlegenheit der Polen zutage treten. Noch viel bösartiger war jedoch die direkte Begünstigung jeder Unmoral, jeglicher Sittenlosigkeit bei den Polen. Auch hier sollte Warschau auf das Niveau von Moskau, oder Petersburg gebracht werden.

In dieser katholischen Stadt, wo die polnische Bevölkerung eine gewaltige Anzahl der prächtigsten Kirchen aufgebaut, wo der aufmerksame Passant alle Augenblicke vor einem Klostergebäude stehen bleibt, dessen Insassen von den Russen vertrieben, einer Kaserne, oder einem anderen profanen Zwecke weichen mußten, in dieser Stadt, wo jede Geistesregung verpönt, jeder politische Artikel in einer Zeitung, ja sogar jeder wissenschaftliche, einer schikanösen Zensur unterworfen war, da gingen die pornographischen, literarischen Produkte frei durch alle Schranken, da war unter dem wohlwollenden Auge der russischen Satrapen das unanständigste Theaterstück, das zweifelhafteste Lokal jeder Kontrolle bar, jeder Unterstützung sicher.

Dies geschah planmäßig, nicht etwa aus Unachtsamkeit, oder orientalischer Nachlässigkeit. Im Gegenteil, hier war gerade der russische Sinn geschärft und geschult, er überlegte wohl und in seiner Weise ganz richtig, daß die moralische Vergiftung eines Volkes dasselbe weniger widerstandsfähig mache. Instruktionen in dieser Richtung kamen von Petersburg und wiederholten sich in den verschiedenen Jahrzehnten. Der Pole sollte sich amüsieren, soviel er wollte, nur nicht denken, nur nicht über sein Los klagen. Es war dies das System, das man im alten heidnischen Rom den Sklaven gegenüber anwandte. Man behandelte sie wie Tiere, gab ihnen die niedrigsten tierischen Freuden frei.

Nicht so beabsichtigt, vielmehr aus dem russischen Wesen direkt hervorquellend war die

Demoralisierung der Polen durch die Bestechlichkeit der russischen Staatsbeamten, bis in die höchsten Rangstufen hinauf. Jahrzehntelang wurde der polnische Geschäftsmann, der polnische Unternehmer, Landwirt, oder Handwerker daran gewöhnt, daß jede staatliche Leistung und amtliche Handlung, jede Anwendung, oder Nichtanwendung des Gesetzes mit einer ganz offen zutage tretenden, sozusagen offiziell bekannten und genau abtaxierten Bestechlichkeit verbunden war. Alles stahl, betrog, mogelte auf alle nur mögliche und erdenkliche Weise in den russischen Ämtern.

Die ganze Lebensweise jedes einzelnen mußte darauf eingestellt und eingerichtet sein. Wer bestechen konnte, der kam mit seiner Angelegenheit durch, wer es nicht konnte, der versuchte erst nicht, irgendetwas zu erreichen, Man übt sich förmlich in den verschiedenen Wegen, die man betreten mußte, um die interessierte Gunst der Staatsbeamten zu gewinnen.

Die Basis der öffentlichen Moral wurde ganz verschoben. Es wurde zwar ein Unterschied und sogar ein großer, zwischen den anständigen und den unanständigen Beamten gemacht, aber dieser Unterschied bestand darin, daß der anständige

Beamte sich bestechen ließ und dann machte, was man wollte, der Unanständige ebenfalls das Geld nahm, dann aber den Geber beschwindelte und den Auftrag nicht ausführte, womöglich, wenn es sich um eine Streitfrage, zum Beispiel in Rechtsfragen handelte, von beiden Seiten nahm und dann beide betrog, indem er eine gegen die andere ausspielte, um endlich bei einer zweiten Lizitation dem zum zweitenmal Zahlenden zum Siege zu verhelfen.

Unter der äußeren Tünsche der kärglichen, pseudoeuropäischen Institutionen, mit denen Rußland seine Herrschaft in Polen aufrecht hielt, wucherte eine vollkommen asiatische Unkultur und Barbarei, mit welcher der Pole drei Generationen hindurch zusammenleben mußte. Es ist ein wirkliches Wunder, daß diese vergiftete Atmosphäre nicht das polnische Volk ganz zugrunde gerichtet hat.

Doch ist noch Vollkommeneres in dieser Hinsicht zu verzeichnen. Die Russen hatten es auch darauf abgesehen, eine Kluft zwischen den polnischen Bauern und den Großgrundbesitz zu treiben. Dazu dienten zwei Mittel, erstens die Bildung des Volkes auf der niedersten Stufe zu erhalten, zweitens aber die Grundbesitzverhält-

nisse so einzurichten, daß ewiger Zank und Hader
zwischen den Bauern und den Schloßherren sich
als ständige Erscheinung einführe. Es wurde also
der Grundbesitz so eingeteilt, daß die Bauern keinen eigenen Wald, wohl aber Weiderechte im
herrschaftlichen Wald erhielten. Die Folge davon
war, daß eine ordentliche Waldwirtschaft unmöglich wurde, beide Teile, sowohl Herrschaft, wie
Bauernschaft, geschädigt wurden und Streitigkei-
ten immerfort ausbrechen mußten.

Der wahrhaft listige Plan entsprang dem Kopfe
eines der schlimmsten Tschinowniks mit Namen
Milutyn, der auf diese Weise den Keim zu inne-
rem Zwist unter den Polen begründen wollte.
Besondere Gesetzesvorschriften erschwerten
dann noch den Gutsherren, die sogenannte Servi-
tutenfrage (so wurde die Angelegenheit der Wald-
gerechtsame offiziell benannt) zu regeln und den
Bauern ihre Weiderechte, gegen Grund- und
Waldabtretungen, abzukaufen. Es ist nämlich im
Gesetz vorgesehen, daß die Regelung dieser Ser-
vitute nur einstimmig erfolgen kann. Das Veto
auch nur eines Bauern genügt, um die Regelung
zunichte zu machen, und ein solcher Bauer wird
immer durch den Bauernkommissar ausfindig
gemacht. Extrabeamte, eben diese sogenannten
Bauernkommissare, waren dazu angestellt, um

einen inneren Zwist zu schüren. Auch dieser teuflische Anschlag scheiterte aber dank der wunderbaren, moralischen Widerstandsfähigkeit der polnischen Nation.

Allerdings gelang es den Russen, während des Aufstandes von 1863, die Bauern in einzelnen Ortschaften gegen den Adel und Bürgerstand aufzuhetzen und die Aufständischen hatten mehrfach das betörte Landvolk gegen sich. Aber im Großen und Ganzen widerstand auch der brave polnische Bauer den russischen Versuchungen, und in den darauffolgenden Dezennien gelang es den gebildeten Klassen dennoch, trotz aller Kontrolle seitens der Russen, das nationale Bewußtsein des Bauern zu wecken, und mit ihm zusammen den polnischen Charakter des Landes zu wahren.

Um die Liste der hauptsächlichsten Drangsale zu vervollständigen, will ich noch auf die ökonomische Maßregel hinweisen, welche darin bestand, daß Eisenbahnfrachten von Rußland nach Polen billiger als umgekehrt waren, ferner jede Unternehmung, die zum Zwecke hatte, die mangelhaften Kommunikationen zu verbessern, Privatbahnen usw. zu bauen erschwert, wenn nicht, was das häufigste war, überhaupt unmöglich gemacht wurde.

Nun wieder ein anderes Bild russischer Art auf ganz anderem Gebiete. Ich betonte schon, wie religiös die polnische Nation ist, wie durch und durch katholisch ihre Tradition und Lebenspraxis, insoweit sie durch fremden Einfluß nicht verdorben. So erfreute sich auch einer ganz besonderen Verehrung unter den Polen, das altberühmte Muttergottesbild und nationale Heiligtum in Czestochowa, auf deutsch Tschenstochau. Das Heiligtum wurde von einem der wenigen übriggebliebenen Mönchsorden, den Paulinern, bewacht und behütet. In diese Ordensgemeinschaft gelang es nun den Russen, durch verschiedene Intrigen mehrere direkte Verbrecher hineinzuschmuggeln, die unter dem Vorwande, Mönche werden zu wollen, Spione der Regierung waren und die Ordensgemeinschaft zu demoralisieren versuchten. Es sollten Skandale geschehen, damit die Regierung Anlaß hätte, einzugreifen, den Orden aufzuheben und das Heiligtum in Beschlag zu nehmen.

Der Plan gelang so gut, daß er das Maß überschritt und zuletzt ins Gegenteil umschlug, nämlich zu einer großen Kompromittierung der Regierung. Die Spione wurden zu Verbrechern, sie stahlen zwar die Kostbarkeiten der Madonna, was wohl im Plane liegen mochte, aber es drängte sich in die edle Aktion eine Mordaffäre hinein, welche die ganze Sache für die moralischen Urheber gefährlich machte. Die Regierung mußte sich mit der mehr, oder weniger offenen Beschützung der Verbrecher begnügen. Sie ganz freizugeben und aus ihnen die Reformatoren des Ordens, im russischen Sinne, zu machen, ging denn doch nicht an, da zu viele Augen in Europa auf das Drama gerichtet waren. Als dann noch Papst Pius X. eine goldene Krone als Sühne und Ersatz für die Geraubte schickte, da mußte sich die russische Regierung dies wohl, oder übel gefallen lassen. So mißlang der greuliche Anschlag.

Ebenso mißlang eine andere Unternehmung auf geistlichem Gebiete, die in den letzten Jahren die russische Bureaukratie ins Werk setzte, die gottesschänderische Sekte der Mariawiter. Auch hier versagte das gute, seiner kirchlichen Behörde treu ergebene, polnische Volk, nicht. Ganz wenige, trotz Subventionen der Regierung, traten zum neuen Schisma über. Von diesen wieder, mußten die meisten einsehen, daß sie gegen das Empfinden der Nation gehandelt hatten und hörten in ihrer Propaganda auf.

Der Mariawitismus besteht gegenwärtig hauptsächlich als namhafter Posten in den Subventionsrechnungen der Petersburger Abteilung für Kultus und Unterricht!

Ein anderes Beispiel der Beschränkung der freien Entfaltung der Kirche: In demselben Maße wie jeder Abtrünnige gefördert wurde, bekam der gläubige und der Kirche gehorsame Katholik, die ganze Härte der russischen Gewaltherrschaft zu fühlen. Vorhin habe ich die wirklich neronischen großen Kirchenverfolgungen angeführt, welche die russische Tätigkeit in Polen aufweist. Hier will ich noch ein kleines, aber drastisches Beispiel der Zustände vorführen, wie sie sich in sogenannten normalen Zeiten entwickelten. Die Verbindung der Bischöfe mit Rom war eine Zeitlang überhaupt unterbunden, dann ungemein erschwert. Die Pfarrer auf dem Lande mußten, wenn sie ihren Wohnbezirk verlassen wollten, den russischen Tschinownik erst um Erlaubnis bitten. Ja selbst der Bischof durfte nicht ohne weiteres größere Ausreisen, z. B. ins Ausland machen. Es gab Zeiten, wo derartiges überhaupt verboten war, andere, wo es bedingt erlaubt wurde. Immer jedoch wurde der katholische Episkopat beaufsichtigt und kontrolliert von den Tschinowniks, die stets in der katholischen Kirche, übrigens mit vollem Recht, den größten

Gegner ihrer schismatisch-positivistischen, atheistischen Weltanschauung sahen. Denn das ist gerade das Erschreckende beim Schisma, daß es nicht einmal seine eigene falsche, religöse Theorie vor innerer Fäulnis zu wahren weiß. Die ganze ungeheure Kaste der russischen Intelligenz, vom Dorfpopen angefangen, bis zu der hauptstädtischen Gesellschaft, betrachtet die schismatische Staatsreligion lediglich als eine Einrichtung, mittels welcher man bestimmte politische Ziele erreichen und dabei eine ganze, ungezählte Schar von Beamten auf Kosten des Volkes unterhalten kann. Rußland glaubt selbst an dieses Schisma nicht, mit welchem es Polen stets so bedrängt hat, um dessentwillen Ströme polnischen und ruthenischen Blutes geflossen sind.

Man könnte noch viele andere Beispiele der russischen Wirtschaft, auf allen Gebieten des öffentlichen Lebens in Polen aufzählen. Nicht eine Broschüre, sondern ein Buch würde diese Klagen fassen. Und auch ein einzelnes Buch kaum. Gibt es ja doch eine ganz gewaltige polnische Literatur, welche die Verfolgungen des polnischen und katholischen Elements durch Rußland zum Gegenstande hat. Das große, durchgängige Leitmotiv der polnischen Publikationen, seit den Teilungen Polens, ist der Protest gegen die Russenherrschaft, die Feststellung der ungeheuren Grausamkeiten des russischen Regimes. „Ex ossibus nostris exoriatur nobis ultor", hieß es auf einem Pariser Grabmal polnischer Freiheitskämpfer gegen Rußland. Dorthin zogen die verbannten Polen in Scharen und versuchten von da aus ihr Vaterland wiederherzustellen. (Damals allerdings dachten die Franzosen noch anders, als heute.)

Wie gesagt, wer das polnische Geistesleben seit den Teilungen versteht und kennt, der weiß, daß der Antagonismus gegen Rußland das hauptsächlichste Moment in demselben ist. Ein Pole, der heute, sagen wir, wirklich an eine Umwandlung der russischen Seele und an die russischen Versprechungen glaubte, und nicht nur äußerlich, sondern innerlich von diesem Glauben durchdrungen wäre, müßte vorher seine ganze geistige Vergangenheit abstreifen, er könnte sich nicht mehr an seiner Nationalliteratur ergötzen, nicht mehr seinen Kindern die Heldengedichte der Väter lehren. Er müßte aufhören, auf dem organisch mit der Vergangenheit verbundenen historisch-polnischen Boden zu stehen. So war es immer, so ist es noch heute und auch in der Zukunft wird es, muß es logischer Weise so bleiben. Wie das Wasser in der Richtung der größten

Senkung fortfließen, wie das Feuer nach oben brennen muß, so sind es auch immanente Gesetze, welche das Verhältnis Polens zu Rußland bestimmen. Es ist, wie gesagt, der Gegensatz zwischen tausendjährig entwickelten Kulturhorizonten des Abendlandes und der mongolisch-kalmückischen Weltanschauung, der hier ausschlaggebend ist.

Das sei allen Abendländern gesagt und auch den wenigen jenseitigen Polen, die nicht aus politischer Vorsicht mit den Russen unterhandeln, sondern wirklich ihre polnische Orientierung verloren und dem moskowitischen Einfluß unterlegen sind. Diese letzteren, Gott sei Dank viel weniger zahlreich, als manch einer in Deutschland es glaubt, mögen sich gesagt sein lassen, daß sie geistig bereits aus der polnischen Kulturgemeinschaft ausgeschieden sind und nur noch formell zum polnischen Gemeinwesen gehören. Ihre Stellung gegenüber der Gesamtnation wird bald eine ganz unmögliche werden. Sehen wir doch jetzt schon, daß sie selbst die Gefahr, in der sie sich den übrigen Polen gegenüber befinden, einsehen und nach Kräften bemüht sind, es vergessen zu lassen, daß sie auf Abwege geraten waren.

Deshalb müssen wir es als ganz unstatthaft zurückweisen, wenn einzelne deutsche Stimmen derartige Polen als maßgebend bezeichnen und für ihr Verhalten die anderen Polen verantwortlich machen wollen. Ein Pole, dazu noch ein diesseitiger Pole, der russische Sympathien hegen sollte, ist kein wirklicher Pole mehr, und Gott sei Dank, ist diese Spezies so wenig verbreitet, daß man ruhig über sie zur Tagesordnung übergehen kann.

Diese Grundstimmung der Polen gegen Rußland kann nicht genug berücksichtigt werden im deutschen Volke. Sie ist politisch das Wichtigste in diesem Kriege, denn sie bildet das einzige Moment, welches in der Zukunft Deutschlands Ruhe und Frieden nach Osten zu sichern kann. Wäre darauf, bis jetzt, in den langen Friedensjahren vor dem Kriege, mehr Rücksicht genommen worden, hätte man in dem polnischen Element den natürlichen Verbündeten gegen Osten gesehen und dementsprechend behandelt, dann wäre jetzt schon, nicht nur ein Ideenwall gegen Rußland geschaffen, der ja tatsächlich besteht, sondern auch eine positive politische Macht polnischerseits gegen Rußland erstanden. Die Grundbedingungen waren da, nur fehlte es an einer praktischen Indiehandnahme seitens

Deutschlands.

Es bildete nämlich das Verhältnis zu den Polen in Preußen ein nicht zu unterschätzendes Hindernis. Die Deutschen wirtschafteten zwar nicht wie die Russen auf polnischem Boden. Sie brachten dem polnisch-preußischen Grenzgebiet die ganzen Vorteile eines hochgebildeten, wirtschaftlich blühenden, staatlich geordneten Gemeinwesens, sie brachten keine Volksverrohung, keine barbarische Seuchenverbreitung, keine Demoralisierung durch eine bestechliche Beamtenschaft mit. Im Gegenteil, sie bekämpften die Polen mit Mitteln, die, mit einigen Ausnahmen, an sich kulturell waren. Das Unkulturelle lag nur im Wesen des Kampfes selbst. So litten zwar die diesseitigen Polen durch den Kampf, aber sie verdarben nicht, sie brauchten nicht zu besorgen, daß ihr nationaler Wert sich verringere. Im Gegenteil, sie profitierten ganz ungemein unter den preußischen Regime.

Das sage ich ganz laut und offen. Wenn man im großen und ganzen die russische, mit der preußischen Politik, der polnischen Bevölkerung gegenüber vergleicht, dann kann man eine Parallele ziehen, die ganz meine Behauptung begründet. Dort häuften die Russen Ruinen auf Ruinen,

hier herrschte ein in ganz Europa, durch seine
Ordnung bekanntes Staatswesen. Dort wurde das
polnische Volk demoralisiert und mußte seinen
geistigen Horizont vor dem Versinken in asiatische Barbarei verteidigen, hier wehrte es sich
auch, aber wie anders – gegen eine von Natur aus
gleich hohe, durch günstige politische Verhältnisse, zu weit größerer Blüte emporgekommene,
geistig überreiche deutsche Kultur. Dort war es
ein natürlicher Kampf gegen die Wildheit eines
minderwertigen Elements, hier gegen eine
unchristliche Gegnerschaft seitens eines Volkes,
das zu den allerersten in der Reihe der Kulturvöl-
ker gehört. Dort war der Kampf selbstverständlich, hier war er erzwungen und unnatürlich. Dort
war der Rassenantagonismus ein Glück für die
Menschheit, eine Wahrung der edelsten und
höchsten Güter, hier war er ein wirkliches
Unglück, eine gegenseitige Schädigung zweier
abendländischer, zu gemeinsamer Mitarbeit
geschaffener, sich gegenseitig ergänzender Kulturelemente.

Und so komme ich zum traurigen Kapitel der
deutsch-polnischen Verhältnisse in Preußen. Ein
Unglück waren sie, ein Kulturunglück für alle
Beteiligten, die Polen, die Deutschen, den preußischen Staat und die Menschlichkeit. Dort wurden

Barbarensünden begangen, hier Kultursünden, die nicht begangen zu werden brauchten und sollten. In Preußen war das antipolnische System eine Sünde wider den Heiligen Geist, eine Verschwendung der beiderseitigen Kräfte, die so notwendig waren zu gemeinsamer Abwehr des gemeinsamen Feindes.

Deswegen kann man auch mit Bestimmtheit behaupten, daß dort alle Vorbedingungen zu einer dauernden Gegnerschaft bestehen, hier dagegen alle Vorbedingungen zu einem dauernden, geschichtlichen Kulturfrieden, zu einer Freundschaft, die sich in jeder Weise entwickeln und die beiderseitigen Interessen fördern kann. Dort war der Kampf etwas Notwendiges und Logisches, hier aber ein Fehler, der baldmöglichst gutgemacht werden kann und muß.

Der Krieg hat nun hier eine Läuterung und Befreiung von den Fehlern der frischen Vergangenheit gebracht. Eine neue Basis ist geschaffen. Die leidige Tagespolitik hindert nun nicht mehr die Entwicklung der großen politische-kulturellen Gedankengänge. Umgelernt muß werden, und zwar beiderseitig, sowohl von den Deutschen, wie von den Polen. Die Deutschen müssen es immer besser verstehen lernen, daß der Pole nicht ein Feind, sondern ein Freund sein kann, den zu befreien und gleichzustellen ihre heilige Pflicht ist; der Pole muß seinerseits die großen Vorzüge und Tugenden des Deutschen nicht nur, wie bis jetzt in der Praxis des täglichen Lebens auf wirtschaftlichem Gebiete schätzen, sondern auch offen und frei seine Bereitwilligkeit zu dauerndem Frieden betätigen.

Wer soll nun den Anfang machen? Die Antwort ist leicht und klar. Sie ergibt sich aus dem Zweck. Beide Teile haben die gleiche Pflicht, den Anfang zur dauernden Versöhnung zu machen. Und zwar liegt diese Pflicht einem jeden von beiden unabhängig und ohne Rücksicht auf das Vorgehen des anderen ob. Wer zuerst vorgeht, wer als der erste und in höherem Grade den Weg zur Freundschaft bahnt, der hat die schönere Rolle. Und er ist auch der Klügere, sowohl im eigenen, wie im beiderseitigen Interesse. Keine gegenseitigen langatmigen, fruchtlosen Vorwürfe wegen der Vergangenheit, keine Vertrauenslosigkeit, sondern frisches Zugreifen der weltgeschichtlichen Gelegenheit.

Vor allem den Politikern sollte sich diese Denkungsart einprägen. Bei den Polen in Preußen haben allerdings die politischen Verhältnisse der letzten Jahrzehnte manche radikale Erscheinung gefördert, die ein ganz falsches Bild der wirklichen polnischen Gesinnung gibt. Diesen Radikalismus sollte man deutscherseits in seinem wirklichen Werte und seiner wirklichen Bedeutung einschätzen, d. h. geringschätzen lernen. Wenn der polnische Radikalismus sich mit seinem angeblichen Einfluß brüstet, dann soll man ihm deutscherseits ebensowenig glauben, wie der Pole törichten, unpolitischen Äußerungen deutscherseits, keinen Glauben schenken soll.

Ich wiederhole, vor allem die beiderseitigen Politiker sollten umlernen, sollten sich von ihrer eigenen Vergangenheit nicht beeinflussen lassen. Und wenn es solche gibt, die nicht umlernen können, oder wollen, dann sollen die anderen auf sie keine Rücksicht nehmen. Ich wünschte, die polnischen Politiker nähmen sich diese Worte zu Herzen. Ich zweifle übrigens nicht, daß bei ihnen die Erkenntnis vorhanden ist von der großen, gewaltigen Verantwortung, die auf ihnen lastet. Ich zweifle nicht, daß sie sich der großen historischen Augenblickes bewußt sind, in welchem wir uns befinden, und der keine kleinen, noch kleinlichen Männer, in uns vorfinden soll. Ich bin aber auch von der Hoffnung beseelt, daß sich auf deutscher Seite genug Männer finden werden, die mit dem Alten aufräumen und neue Wege auf dem Gebiet der Polenpolitik einzuschlagen, den Mut finden werden.

Das Interesse ist ja beiderseits so gleich groß. Da ist es aber auch im höchsten Grade wichtig, daß die beiderseitige Presse den richtigen politischen Ton herausfindet und beibehält. Ich bin mir bewußt, daß dies nicht immer leicht ist. Ich mache keine Haupt- und Staatsaffäre daraus, wenn manchmal, trotz Burgfrieden und Zensur sich in deutschen Blättern Artikel und Vorschläge vorfinden, die an die traurigen Zeiten der Enteignungsdebatten erinnern, wo so manches radikale Argument gegen den polnischen Großgrundbesitz angeführt wurde, andererseits aber auch so viele edle und hochsinnige deutsche Stimmen sich zugunsten der Polen erhoben. Ich will nur an das, in der Täglichen Rundschau besprochene Projekt erinnern, daß die Polen in Preußen eine allgemeine Emigration ins Werk setzen sollten. Derartigen Äußerungen lege ich und jeder verständige Pole keinen Wert bei und weiß positiv, daß sie von deutscher Seite ebenso verurteilt werden, wie von Polnischer. Ich glaube vielmehr an eine Wiedergeburt des politischen Gedankens auf beiden Seiten und an ein friedliches Zusammenleben beider Nationalitäten auch da, wo sie auf ein Zusammenwohnen angewiesen sind. Ich weiß wohl, daß große politische Wiedergeburten stets auf verrostete Hindernisse stoßen, und besonders in den Niederungen des beschränkten Provinzlebens, wo das Wehendes großen Lebenswindes politischer Schaffenskraft weniger fühlbar ist, viel dumpfe Zimmerluft zu überwinden haben. Aber ich kenne auch die Geschichte und weiß, wie in derartigen Momenten und Lagen der schaffende Geist über alles Hemmende hinweggeht und schwankende Seelen mit sich reißt. Deshalb zweifle ich nicht an einer Neuorientierung, wie sie uns erfahrene und verantwortliche Staatsmänner verkündet haben. Ich zweifle daran nicht, weil ich die Grundlagen zu einer solchen, als gegeben erachte.

Wie die politische Gestaltung der Zukunft sein wird, ist jetzt noch nicht möglich zu übersehen. Wie die staatsrechtlichen Bedingungen des neueroberten, polnischen Gebietes sein werden, hängt noch von zu vielen nicht abgeschlossenen Geschehnissen ab, als daß man konkrete Schlüsse daraus ziehen und positive Erörterungen daran knüpfen könnte. Nur ganz allgemein will ich behaupten, daß man deutscherseits die jenseitigen Polen als natürliche Bundesgenossen betrachten, sie entsprechend behandeln, und wo sie es noch nicht sind, durch eine richtige Behandlung zu solchen machen muß, um jeglichen russischen Intrigen für die Zukunft den Weg zu versperren. Eines aber ist sicher und kann schon jetzt öffentlich besprochen und festgelegt werden: für die Polen in Preußen, welche die Brücke zwischen dem Deutschtum und dem übrigen Polentum bilden, ist eine neue Ära angebrochen. Die von den Polen bewohnten Gebiete Preußens, über welche nicht nur der geographische Weg von Berlin nach Warschau, sondern auch der Weg zu den Herzen der jenseits der bisherigen Grenze wohnenden Polen geht, diese hiesigen Polen werden fortan in einem neuen Verhältnis zu ihren deutschen Mitbürgern leben können. Einem neuen, im Hinblick auf die letzten Jahrzehnte, einem sehr alten und natürlichen, wenn man an früher denkt, wo in Posen, Westpreußen, oder Schlesien keine so scharfe Zuspitzung von Gegensätze war, wie die, unter welchen die letzte und vorletzte Generation so zu leiden hatte.

Ich will auch heute kein Traktat mit Spezialvorschlägen machen darüber, wie gerade in den hiesigen, preußisch-polnischen Grenzgebieten der Ausgleich stattfinden soll. Ich stelle nur die Behauptung auf und mit mir alle Polen und Deutschen, mit welchen ich die Frage erörtert habe, daß das Leitmotiv der Neuorientierung die

Berücksichtigung der beiderseitigen wirklichen Interessen sein muß und, was die Polen betrifft, die Gleichstellung nicht nur vor dem Schützengraben des Russen, sondern auch im staatsbürgerlichen Leben.

Fallen sollen die bisherigen häßlichen Schranken, welche die beiden Kulturnationen trennten, freie Entwicklung der eigenen geistigen Bedürfnisse, wie der wirtschaftlichen und sozialen Entwicklung soll beiderseitig sich entfalten. Und für immerdar soll im deutschen Volke feststehen, daß Polen, die als solche leben, fühlen und sich betätigen, als einzelne und als Gesamtheit in der Schatzkammer menschlicher Entwicklung Werte schaffen, die nicht nur für sie selbst, sondern auch für die Deutschen einen Gewinn darstellen und eine Garantie im Hinblick auf die auch in der Zukunft stets drohenden Gefahren, die vom Osten kommen.

Geschrieben Anfang August 1915 von

Franziszek Kwilecki / Franz Graf Kwilecki

auf Schloß Dobrojewo bei Scharfenort

Provinz Posen.